힘내라는 말은 하지 않을게

힘내라는 말은
하지 않을게

김지혜 지음

들어가는 말

 가끔, 누군가의 무너져 내린 어깨를 볼 때가 있다. 토닥이며 "힘내요."라고 말해야 할 것 같지만 차마 입이 떨어지지 않는다. 그 마음의 무게를 헤아리지 못한 채, 감히 가벼운 말로 위로하려 드는 것은 아닌지 가늠해 본다.

 말하지 못하는 것을 듣는 사람이고 싶다는 마음에서 이 책은 출발했다. 어떤 고통은 표현되지 않고 그저 견뎌지고 있다는 것을 알기 때문이다. 길모퉁이의 아주 작은 라일락 나무를 발견하는 것처럼, 아무도 없을 줄 알았던 길 끝에서 혼자 비를 맞고 있는 사람을 마주쳤을 때. 어쩔 줄 몰라 하는 그를 발견하고 달려가는 사람이 되고 싶다.
 대단한 우산이 되어주지는 못해도, 내리는 비를 멈춰주지는 못해도, 한 사람이 무너지지 않도록 손을 잡아주는 사람이 되고 싶다.

얼마 전, 큰 상실을 겪었다. 가까운 사람이 떠나갔다. 그보다 조금 전에, 관악산에 오르며 사진을 찍었다. 그에게 보여주면 옛 추억을 떠올릴 것 같아 조심스레 기대하면서. 조만간 보내주리라 생각했지만, 그 사진은 어디에도 닿을 수 없었다. 닿지 못하는 말이 이렇게 공허한 것이라는 걸 그때 처음 알았다.

이 이야기가 누군가에게 가닿기를 간절히 바라며, 힘내라는 말 대신 곁에 조용히 놓아둔다.

2025년 5월
김지혜

차례

part 1. 나를 발견하는 감각들

01. 공살롱에 놀러 올래요?	012
02. 비상한 능력	018
03. 바람결에 네가 불어오면	022
04. 바다가 되라고 했었다	024

part 2. 사이에서 태어나는 마음

05. 이유는 모르겠지만	028
06. 혼자 여행의 이유	030
07. 고슴도치는 스스로 상처받는다	034
08. 몸에 좋은 사람들	036
09. 어서 오세요, 독서 모임은 처음이세요?	042

part 3. 흔들림의 미학

10. 보도블록 틈 새싹	048
11. 질문하는 삶	050
12. 헤맨 만큼 내 땅이다	056
13. 나와 사이좋게 지내는 방법	060
14. 눈에 보이지 않는 것들을 믿으며	064

part 4. 멈추고 다시 시작하는 마음

15. 쉬는 시간에는 뭐 하세요?	068
16. 사는 거, 생각보다 별일 아니더라	072
17. 그대라는 창	076
18. 지도 앱에 별 하나를 추가했다	078
19. 다정한 사람으로 살고 싶습니다	082

part 5. 좋아하는 것을 붙잡고 가볍게 앞으로

20. 좋아하는 것들은 때때로 사라진다	086
21. 혹시... 커피 하세요?	090
22. 수영을 하는 데도 기다려야 한다니	096
23. 가볍게 살고 싶다	100
24. 사소한 것들을 오래 사랑하며	102

part 1.
나를 발견하는 감각들

01.
공살롱에 놀러 올래요?

샤워기 물줄기가 바닥을 가볍게 때리는 소리가 들리면, 내 안의 "생각 시작" 버튼이 눌린다. 오늘도 마찬가지였다. 머리를 감으려고 동백 오일이 함유된 츠바키 샴푸를 푹 짜는 순간, 문득 생각이 들었다.

'내가 언제부터 이런 비싼 샴푸를 쓰게 된 거였지?'

수많은 시간을 거쳐 직장인이 될 때까지도 나는 스스로 취향이 없는 사람이라고 여겼다. "오늘 뭐 먹을래?"라는 질문엔 언제나 "난 아무거나 괜찮아."로 답했고, 약속 장소나 시간을 정할 때도 늘 상대방의 선택을 따랐다. 갖고 싶어서 산 물건은 거의 없었다. 늘 필요에 쫓겨 저렴한 것을 우선으로 골랐다. 그렇게 모인 물건들은 한 집 안에 있어도 서로 다른 주인을 가진 듯 어울리지 않았다. 왜 우리 집은 시끄러운 기분이 드는지 가끔 생각했으나 알 턱이 없었다.

지금 생각해 보면, 이 모든 것은 '내가 원하는 것은 중요하지 않다'는 생각에서 비롯된 것이었다. 내가 무언가를 원하는 마음보다, 타인의 바람이 더 크고 더

옳다고 생각했다. 그래서 자연스럽게 그들의 뜻에 맞추는 것이 '현명하고 평화로운' 태도라고 여겼다. 그러면서 으쓱한 마음으로 자신을 평화주의자라 불렀다.

그래서 나의 취향은 제때 자라나지 못했다. 밖으로 자라나지 못한 취향은 방향을 잃고 안으로 향해 마음을 갉아먹기 시작했다. 갖고 싶은 것도, 하고 싶은 일도, 말하고 싶은 이야기도 없다고 생각했지만 사실 그런 적은 없었을지도 모른다.

새로운 집으로 이사한 어느 날, 이케아에서 가장 많이 팔린다는 기다란 스탠드를 장바구니에 담았다. 이미 거실 천장엔 형광등이 버젓이 있었기에, 왜 또 조명을 사려는 건지 스스로를 이해하지는 못했지만.

며칠 뒤, 색온도 3,000K짜리 전구를 끼우고 스위치를 켠 순간, 나는 비로소 알게 되었다.

'아, 나는 이 아늑한 거실을 원하고 있었구나.'

노란빛 스탠드를 시작으로, 한쪽 끝이 둥근 하얀색 테이블과 시폰 커튼이 거실에 하나씩 자리를 잡았다. 그 공간에 나는 '공살롱'이라는 이름을 붙였고, 조심스레 나의 이야기를 쏟아내기 시작했다.

이제는 작은 수납장 하나를 구매하면서도, 그 브랜드가 어떤 철학을 가졌는지, 내가 좋아하는 요소가 있는지, 우리 집의 전체적인 분위기를 해치지는 않는지 따져가며 정성 들여 고른다. 처음에는 내가 뭘 좋아하는지도 몰랐는데 수많은 시행착오 끝에 알게 되었다. 나는 따뜻함이 묻어나는 미색의 소품을 좋아하고, 차분한 멀바우 원목 가구에 마음이 놓인다는 것을.

내가 좋아하는 것에 귀를 기울이는 일은 이렇게 시작되었다. 취향을 쌓아간다는 것은 단순히 '내가 무엇을 좋아하는지를 아는 것'을 넘어 나를 표현하는 방법을 알게 되는 것이며, 그것은 결국 내 삶을 찾아가는 과정이었다.

언어로 전하지 못하는 내 생각과 마음을 이 공간에

차곡차곡 담는다. 나는 이런 것을 좋아하고 이런 삶을 살고 싶은 사람이라고. 사실은, 늘 이런 사람이었다고.

꼭 모든 이야기가 음성으로 전달될 필요는 없지 않을까. 빛이 드리우는 모양으로, 공간의 향기로, 사물의 색깔로 풍성하게 감각되기를 바라며 타인을 나의 세계에 초대한다. 이 방식은 어쩌면 소극적인 듯 보이지만, 내게는 가장 적극적으로 나를 들려주는 방법이다.

바람이 내 머리칼을 스치면, 유명한 향수의 향기보다는 동백꽃 향이 흘렀으면 좋겠다.

그래서, 당신.
오늘 공살롱에 놀러 올래요?

02.
비상한 능력

나에겐 비상한 능력이 있다. 냄새만으로도 어떤 실마리를 찾아내는 능력이다.

이를테면, 대학원생 시절.
인도를 따라 퍼지던 달콤한 냄새를 좇아 누군가 손에 쥔 핫도그가 어느 골목으로 사라졌는지를 찾아낸 적이 있다.
또 한 번은, 선배와 함께 지하철로 출장을 가던 날이었다. 일기예보에선 강수 확률 0%. 하지만 나는 지하 플랫폼에서 은근한 비 냄새를 맡았다.

"비가 올 것 같아요."

그렇게 말하자 선배는 웃으며 "이렇게 맑은데 무슨 비야."라고 했다.

하지만 십 분쯤 지났을까. 정말로 비가 쏟아지기 시작했다. 그날 이후, 나는 회사에서 한동안 '개코'로 불렸다.

나는 봄이면 피어나는 연보랏빛 라일락 나무를 무척 좋아한다. 하지만 벚꽃처럼 흔히 볼 수 있는 나무가 아니라 도심 속에선 좀처럼 만나기 어렵다.

그럴 때면 나의 민감한 후각 센서가 빛을 발한다. 바람결에 아주 흐릿하게 실려 온 향기를 따라가다 보면, 두 번째 골목 끝, 햇살 가득한 담장 아래 피어 있는 라일락 나무를 발견하게 된다.

그 순간 나는 마치 커다란 네잎클로버 나무를 발견한 것처럼 기쁘다. 눈을 만난 부산 사람들처럼 기뻐서 깡충깡충 뛰며 웃는다. 그렇게 뛰던 나는 문득, 험난한 이 세상도 조금은 덜 두려운 것 같다는 용기가 불쑥 솟는다.

희미한 향기로도 언제 어디서든 라일락 나무를 찾아낼 수 있듯이, 작은 흔적을 놓치지 않고 감각해서 어쩌면 삶 속에 아주 깊숙이 숨겨진 행복도 찾아낼 수 있지 않을까. 우리, 그렇게 함께 행복의 자취를 찾아낼 수 있지 않을까.

오늘도 어딘가 피어 있을 라일락 나무를 찾으러 길을 나선다.

03.
바람결에 네가 불어오면

어깨가 살짝 닿은 채로 함께 있다가
집으로 돌아오는 길이면,
내 어깨에선 네 냄새가 나곤 했어.

난 그게 정말 좋았어.
네가 나한테 살짝 물들어 온 것 같았거든.

가만히 앉아 있으면
어디선가 바람을 타고 네가 불어와.
마치 향기의 모습을 하고
내 앞에 나타난 것만 같아서
이따금씩 얼굴이 붉어지기도 했었어.

너도 혹시
나를 그때 그 향기로 기억하진 않을까.

나는 아직 그때 그 샴푸, 그때 그 로션,
그때 그 향수를 써.

04.
바다가 되라고 했었다

파도가 내게로 우르르
밀려왔다가 밀려간다.

나는 파도가 참 좋다.
잠깐 한눈판 사이에 훌쩍 다가와
발목을 덮쳐왔다가
돌아서면 미련 없이 쓸려가는 것도,
제 몸을 하얗게 부서트리는 것도,
그 복잡 미묘한 짠 내음도.

오늘은 파도와 함께 너도
밀려왔다가 밀려간다.

너에게 이런 이야기를 한 적이 있었다.
나는 내가 어떤 사람이 되어야 할지
모르겠다고.

작은 일에 일희일비하지 않는
호수같이 잔잔한 사람이 되고 싶지만,
어느 날은 어린아이처럼

기쁨을, 슬픔을 표현하며
맨 마음으로 세상 앞에 서고 싶기도 하다고.

그런 나에게 넌 바다가 되라고 했었다.
늘 크고 작은 파도가 치고,
어느 날은 집어삼킬 듯한 폭풍우로
너를 두렵게도 하지만—
깊은, 아주 깊은 바닷속에서는
실은 까마득한 고요함을 안고 있는
바다가 되라고.

그날, 난 바다를 보며
바다가 되라는 너의 말을 떠올렸고
바다를 보며 너를 떠올렸다.

part 2.
사이에서 태어나는 마음

05.
이유는 모르겠지만

당신 곁의 사람이
'이유는 모르겠지만'이라고 운을 띄운다면

그 사람의 마음을
좀 더 세심하게 살펴봐야 한다.

그는 사실 이유를 알고 있지만
당신이 상처받을까 봐
말하지 않는 것일 확률이 높다.

06.
혼자 여행의 이유

당신은 혼자 하는 여행을 좋아하는 사람인가,
아니면 함께하는 여행을 좋아하는 사람인가?

나는 많은 경우, 전자에 가까웠다. 그런데 내가 대부분의 여행을 혼자 떠났던 이유는 아이러니하게도 사람의 온기를 느끼고 싶어서였다.

이유는 정확히 알 수 없지만, 나는 어릴 적부터 '쓸모 있음'에 내 존재의 가치를 두었다. 아무짝에도 쓸모없는 사람이 되면 세상에서 사라질 것 같아 두려웠다. 그래서 누군가에게 도움이 되지 않으면 스스로를 가차 없이 몰아붙였다. 그러다 어느 순간, 그 중압감을 더는 견딜 수 없어지면ㅡ
나는 그 무게를 아무렇게나 던져버리고 내가 속한 도시를 떠나곤 했다.

나는 아무것도 아닌 내가 그저 사라지길 바라며, 멀리 떠나고 싶었다. 그래서 나를 모르는 곳으로 향했다.

그런데 이상하게도 그곳에서 나는 뜻밖의 평화를 만났다. 내리막길에서 커다란 캐리어에 질질 끌려가던 아시안을 구해준 누군가. 하릴없이 걷던 이방인을 데려가 동네에서 가장 맛있는 쇼콜라 라테를 맛보여준 또 다른 누군가. 호의가 고마우면서도, 쓸모없는 나에게 왜 이토록 친절한 걸까 의아했다.

그러다 문득 알게 되었다. 나라는 존재가 꼭 누군가에게 '쓸모 있어야만' 존재할 수 있는 것은 아니라는 걸.

나는 날을 세우고 있었다. 쓸모없는 나는 분명 어딘가에서 버려질 거라 믿었다. 하지만 낯선 이의 이유 없는 따뜻함 앞에서 얼어 있던 마음이 천천히 녹아내렸다.

사라지고 싶다고 말했지만, 사실은 너무나 존재하고 싶었던 건 아닐까.

사람들 사이에 있는 것이 버거웠었다. 그 사이에

서 괜찮은 사람이 되기 위해 발버둥 치는 일이 더 이상 감당되지 않았다. 그래서 혼자가 되기 위해 도망쳤지만, 마음 한편에는 그냥 있는 그대로의 나로서 존재해도 괜찮다고 증명받고 싶었던 것 같다. 그렇게 나는 낯선 여행지에서 누군가의 이유 없는 마음들로 살아갈 용기를 얻는다.

 일상에서 마음을 다 잃고 빈털터리로 훌쩍 떠났던 여행이었지만, 그곳에서 받은 다정함 덕분에 나는 다시 꽉 찬 마음으로 돌아온다.

 그것이 내가 혼자 여행을 떠나는 이유였다.

07.
고슴도치는 스스로 상처받는다

다치지 않으려, 상처받지 않으려
뾰족하게 날 선 가시를 품는다.

그 가시에 타인이 아파한다는 사실을
마치 모르는 사람처럼
자꾸만 가시를 세운다.

나는 날 선 표정으로 상대를 관찰한다.
그러다 하나라도 어긋나면
'그럴 줄 알았어' 하며
기다렸다는 듯 돌아선다.

결국, 상처 입지 않으려 세웠던 가시에
내가 찔린다.

상처받지 않으려 무던히 노력한 결과
스스로 가장 아픈 상처를 만든다.

08.
몸에 좋은 사람들

나는 영양제 마니아다. 오늘 아침에도 7알의 영양제를 입에 털어 넣고 나왔다.

마그네슘의 경우 스트레스를 받을 때 가장 먼저 고갈되는 미네랄이라고 해서 챙겨 먹기 시작했다. 이노시톨과 CoQ10은 호르몬 균형과 뇌세포 간 물질 전달에 도움이 된다 하여 지푸라기라도 잡는 심정으로 삼켰다. 비타민 E는 지용성 항산화, 비타민 C는 수용성 항산화 효과 때문에. 실외 활동을 거의 하지 않으니 비타민 D는 필수고, 지방 섭취가 많은 편이라 오메가3로 지방산의 균형을 맞춘다. 사실, 눈 뜨자마자 공복에 먹는 유산균까지 합하면 도합 8알의 영양제를 아침에 복용한 것이다.

언제부터 이렇게 영양제를 챙겨 먹게 되었을까. 아마도 몸이 자꾸만 말을 듣지 않기 시작하면서부터였던 것 같다. 병원에 가기는 싫고, 그렇다고 이렇게 고장 난 채로 살 순 없으니, 내가 하고 있는 모든 활동은 유지한 채 상태를 조금이라도 나아지게 만들고 싶었던 것이다. 그렇게 하나둘 늘어난 알약들이 하루를 시작하는 나의 루틴이 됐다.

물론 알고 있다. 영양제는 말 그대로 보조제일 뿐이라는 걸. 뇌하수체 호르몬 문제는 이노시톨이 아니라 대학병원 약이나 수술로 치료해야 한다는 사실도 잘 안다.

그럼에도 나는 계속 챙겨 먹게 된다. 어쩌면 이노시톨의 효능보다는, 그걸 매일 챙겨 먹는 행위 자체가 주는 마음의 안정이 더 필요했던 건지도 모른다. 내게 아직 낫고 싶은 의지가 남아있다는 사실과 좋아질 거라 믿는 마음을 보여주는 증거가 필요했다. 그리고 몸을 위해 선택했던 수많은 보조제가 마음에도 작동하길 바랐다.

하지만 살다 보면 생각지도 못한 곳에서 마음의 보조제가 되어주는 무언가를 만나기도 한다.

독서 모임에서 알게 된 인연들과 함께 와인바에 간 날이었다. 우리는 처음의 어색함을 풀기 위해 잔을 기울였다. 시시콜콜한 이야기들을 나누며 깔깔 웃었고, 가벼운 말 속에 때론 묵직한 고민을 슬쩍 실어 흘려보

내기도 했다. 말이 겹치고 웃음이 터지는 사이, 어색했던 분위기도 어느새 말갛게 풀어졌다. 우리는 그렇게 조금 가까워진 마음으로, 6월이 오면 신대방역 근처에 기계우동을 먹으러 가자고 약속하며 자리를 정리했다.

아직 흰 눈이 쌓인 길을, 여름 노래를 들으며 걸었다. 겨울밤의 공기가 청량했다. 그날은 집에 돌아오는 발걸음이 유난히 가벼웠다. 매사에 진지할 필요는 없겠다는 생각이 들었다. 조금은 더 명랑하게, 덜 무겁게 살아도 괜찮을 것 같았다.

이날의 만남은 나에게 유난히 따뜻하게 남았다. 축복 같은 인연이라는 생각이 들었다.

어떤 사람과 만나느냐에 따라 상호 작용하는 에너지가 달라진다.
누군가와는 만나고 나면 왠지 모르게 명랑해지고, 또 어떤 사람과는 만나고 나면 삶을 대하는 태도가 조금 더 진중해진다. 그리고 누군가는 나의 마음을 평온하게 만들어준다.

 그 모든 순간을 떠올리며, 좋은 사람들과의 만남은 마치 내가 애서 챙겨 먹는 영양제처럼 각기 다른 에너지를 만들어준다는 사실을 그제야 깨달았다.

 사람도 영양제처럼 서로에게 보조제가 된다. 몸에 좋다는 영양제를 챙기듯, 나는 몸에 좋은 사람들을 곁에 두고 살아가고 싶다.

09.
어서 오세요, 독서 모임은 처음이세요?

내가 이렇게 독서 모임을 좋아하게 될 줄은 꿈에도 몰랐다. 아무도 믿지 않겠지만 사실 나는 '말하기 싫어 병' 중증 환자다. 그런데도 정신을 차려보면 어느새 대화를 하고 있을 뿐이다.

회사 생활을 한 10년쯤 하다 보면 말을 해야 하는 자리가 쌓여간다. 하루에도 몇 번씩이나 있는 회의에서는 물론이고, 점심시간에는 오늘의 뉴스와 주말에 다녀온 맛집 이야기, 재미있게 본 영화에 대한 감상을 공유하느라 바쁘다.

집에서는 더하다. 오랜만에 본가에 가면, 서로의 밀린 소식들을 쏟아내듯 나눈다. 그 과정에서, 자주 찾아오지 못한 미안함을 무마하려 나는 자꾸 기쁨조가 된다. 더 많이 웃고, 더 많이 말한다.

어쩌다 참석하는 모임에서도 마찬가지다. 나처럼 말이 서툰 사람과도 이야기하고 싶어 하는 사람들이 고마워서 최선을 다해 대화를 이어간다.

그렇게 숱한 문장들을 주고받았지만, 집에 들어오면 묘하게 공허했다. 특히 많은 사람을 만난 날일수록 마음이 더욱 헛헛했다.

　내가 들은 이야기와 한 이야기가 정확히 무엇이었는지, 미처 소화가 덜 된 말들을 곱씹느라 잠을 설쳤다. 수많은 이야기를 주고받았는데, 어째선지 단 한마디도 내 말 같지 않았다.

　사랑받고 싶은 마음이었던 것 같다.

　우리는 모두, 누군가에게 꺼내고 싶은 이야기를 품고 살아간다고 생각한다. 그래서 나는 상대가 하고 싶은 이야기를 듣고, 그들이 듣고 싶은 이야기만 조심스레 골라낸다. 내 진짜 마음은 꺼내지 않는다. 지금은 듣고 싶지 않을 거라 생각해서, 이해받지 못할 것 같아서, 어쩌면 들키고 싶지 않아서. 입술 끝에서 맴돌던 말은 도로 삼켜버리고 만다.

　조곤조곤 자신의 이야기를 들려주는 사람이 내 앞에 있다. 나는 기꺼운 마음으로 듣고 있지만 때론 마음 한구석이 조마조마하다. 지옥 같은 마음을 들킬까 봐, 괜찮은 척, 웃는 얼굴을 억지로 붙인다. 마치 내 안의 내가 보이지 않는 사람처럼 표정을 고쳐 쓴다.

그렇게 빚어진 '좋은 사람'의 가면. 어느 날엔 그 가면이 나를 질식시킬 것 같다는 생각이 든다.

독서모임은 그런 나의 숨통을 트이게 만든다. 아무도 나를 모르고, 누구도 내게 기대하지 않는다. 그래서 부응할 필요도 없다.

나는 처음으로, 괜찮지 않다고 말할 수 있었다. 꾸며내지 않고 발화하면서 나를 보듬어주고, 때론 나도 모르던 나의 마음을 알아채는 순간들이 있었다. 누군가에게 말하는 동시에, 나는 나를 이해하게 되었다.

그렇게 나를 해방시켜 준 시간들은, 나와 다른 사람들을 있는 그대로 바라볼 수 있는 마음으로 만들어주었다.

같은 책을 읽고,
같은 문장을 붙잡고,
각자의 이야기를 끌어올릴 때마다
나는 이 사람들을 사랑하지 않을 수 없겠다는 생각

이 들었다.

우리는 누군가를 '안다'고 할 때 보통 나이, 직장, 취미 같은 것에 관해 이야기한다.

하지만 진짜 누군가를 '안다'는 것은 그 사람이 세상을 어떻게 바라보는지를 함께 읽어내는 일이 아닐까.

우리는 겨우 서로의 이름만을 알고 있지만 때론 그 누구보다 깊은 것을 나누는 사이가 되기도 한다.

어서오세요, 독서 모임은 처음이세요?

part 3.
흔들림의 미학

10.
보도블록 틈 새싹

보도블록 사이를 헤집고 나온 풀들을 보았다.
아주 적은 양의 모래에 겨우겨우 뿌리를 내리고,
좁은 틈을 꾸역꾸역 비집고 나온 작은 것들을.

너,
참 애쓰고 있구나.

그 조용한 생명을 바라보며
나도 조금 더 살아내야겠다고 생각했다.

11.
질문하는 삶

오늘도 퇴근하자마자 곧장 도서관으로 향했다. 책을 읽으면서, 소설의 힘에 대한 생각을 한다.

사실 나는 오랫동안 소설을 피했다. 특히 '베스트셀러'라는 딱지가 붙은 소설은 더더욱. 허구의 세계보다는 현실의 문제를 다룬 글에서 더 많은 것을 배울 수 있다고 믿었고, 그게 더 의미 있는 독서라고 여겼기 때문이다. 그런데 내가 지금 읽고 있는 책은 뉴욕 타임스 베스트셀러에 40주 연속 이름을 올린 소설,『가재가 노래하는 곳』이다. 그토록 멀리했던 소설을 이렇게 좋아하게 되었다니 참 이상한 일이다.

책 속에서, 학교에 입학할 나이가 된 카야는 사회복지사의 손에 이끌려 교실에 앉게 된다. 교육을 책임져야할 부모가 부재했기 때문이다. 카야는 글을 배우고 친구도 사귈 수 있을 거라는 희망을 품고 학교로 향하지만, 피부색도, 말투도, 삶의 환경도 다른 아이들은 그녀를 조롱의 대상으로 삼는다. 결국 카야는 그날 이후로 평생 학교로부터 도망치는 삶을 살게 된다.

소설을 통해, 학교에 끌려가서 온통 상처만 입은 카야를 본다. 눈이 따끔하게 아파 온다. 아이들을 교실에 앉히는 것으로 책임이 끝나는 것이 아니라, 그 옆자리에 앉은 아이들과 다르지 않다는 감각을 가질 수 있도록, 제도와 환경이 함께 따라야 한다는 사실이 새삼스럽게 다가왔다.

이런 게 바로 소설이 가진 힘이었나 생각한다.

왜 허구의 이야기가 이토록 현실처럼 다가오는 걸까. '악마는 디테일에 있다'는 말이 떠오른다. 표면적으로는 단순해 보이지만, 그 안을 들여다보면 섬세하게 쌓인 층위들이 있다. 그 디테일은 아마도 오랜 경험과 깊은 이해, 그리고 끝없는 고민 속에서 완성되는 것일테다. 작가는 현실보다 더 현실 같은 세밀함으로 허구의 인물에게 숨을 불어넣는다. 나는 그렇게, 카야의 삶을 깊이 들여다보게 되었고, 어느새 그 삶을 '이해하는 것'을 넘어 '경험하는 것'처럼 느끼게 된다. 허구의 이야기였지만, 오히려 그 이야기를 통해 내가 딛고 있는 현실을 다시 바라보게 된다. 나는 그 사실을 잊고 있었다.

언제부턴가, 나는 내가 보는 세계가 전부라고 믿고 있었던 것 같다. 내가 어디로 가는지 의심하지 않고, 나와 다른 사람을 '비정상'이라고 치부하면 삶은 참 간단했다. 하지만 책을 읽을수록 내가 얼마나 좁은 세계 안에 갇혀 있었는지 깨닫게 되었다.

『나의 문화유산답사기』에서 유홍준 교수는 '인간은 아는 만큼 느끼며, 느낀 만큼 보인다'고 말했다. 아는 것, 즉 이해의 깊이는 결국 경험의 깊이에서 비롯된다. 직접이든 간접이든, 우리는 경험을 통해 자신만의 사고 체계를 구축하게 되고, 그렇게 형성된 자신의 세계를 통해 세상과 타인을 바라본다.

나는 두렵다. 나의 짧은 경험과 제한된 시선이, 나도 모르는 사이 누군가에게 상처를 줄까봐.

책을 읽는다는 것은 그동안 내가 감각하지 못했던 내 안의 기관들을 깨우는 일 같다. 나는 책을 통해 보지 못했던 것을 보고, 느끼지 못했던 것들을 느끼게 되었다. 내 손톱 밑 가시가 제일 아픈 줄만 알았는데, 세상에는 더 깊은 고통이 있다는 것을 깨닫게 된다.

책을 읽으며 나는 스스로에게 질문한다.

여전히 내 손톱 밑 가시에 집중할 것인가, 고개를 들어 가시밭에 서 있는 누군가를 바라볼 것인가. 내가 어떻게 살고 싶은지, 언제 행복한지, 그렇다면 나는 어떤 사람인지 묻는다. 책을 보지만, 사실은 그 안의 나를 마주한다.

삶을 끊임없이 의심한다는 건, 사실 꽤나 고단한 일이다. 왜 그렇게까지 사냐는 말을 듣기도 하고, 때론 흔들리는 스스로를 견디는 일이 버겁게 다가오기도 한다.

그래도, 지금 내가 아는 만큼만으로 세상을 판단하고 싶지는 않다. 내 너머의 것에 대해 틀렸다고 쉽게 말하는 사람이 되긴 싫다. 그래서 오늘도 책을 펼친다. 내 세계를 넓혀가는 이 시간을 사랑하게 되었고 그것이 내가 살아가고자 하는 방식이라는 것을 이제는 안다.

그러니 흔들리는 나를 너무 미워하지 않으려 한다.

흔들리는 만큼 더 많이 느끼고, 더 깊이 바라볼 수 있다고 믿으니까. 가끔은 나 자신이 낯설고, 때로는 세상이 너무 크고 복잡하게 느껴지지만 그럼에도 불구하고 나는 계속 묻고 싶다. 질문하는 나를 부끄러워하지 않고, 그 과정을 통해 조금 더, 내가 나일 수 있기를 바란다. 비록 모든 답을 알 수는 없어도, 그 흔들림 속에서 나를 알아가고 있다고 믿고 싶다.

12.
헤맨 만큼 내 땅이다

10년 전쯤인가, 한복점을 하시는 이모가 쓰러지셨을 때 병문안을 간 적이 있었다. 그 이모는 어릴 적부터 나를 많이 예뻐해 주셨는데, 그날도 내 손을 꼭 잡고 이렇게 말씀하셨다.

"지혜는 계속 예쁜 것만 보고 살았으면 좋겠다."

나는 약간 멋쩍어서 붉어진 얼굴을 가리려 손을 슬쩍 뺐다. 이미 스무 살이 훌쩍 넘었는데, 그 나이에 내가 들어도 되는 말인가 싶어서였다. 한창 자랄 초등학생이 들을 말 같다고 생각했다.
그래도 사실은, 그 말이 참 좋았다. 가능하다면 그렇게 살고 싶다고 생각했었다.

그런데 서른이 넘은 지금은 생각이 조금 달라졌다. 더 많이 보고, 더 많이 겪고, 더 깊이 느낄수록 세상을 더 깊이 이해할 수 있다는 것을 알게 되었기 때문이다.

헤맨 만큼 내 땅이다.

아프더라도 꾹꾹 눌러가며, 온 마음을 다해 겪고 싶다고 이제는 생각한다.

지금 돌이켜보면, 당신의 삶이 너무 고단해서 사랑하는 나에게는 고운 것만 닿기를 바라셨던 걸 테다. 쉬운 길만 걷기를, 다치지 않기를 빌어주셨던 것이리라.

나의 달라진 생각과는 별개로 그 마음만큼은 여전히 따뜻하게 남아있다. 나는 그 온기를 품고, 이 가시밭길을 건너갈 용기를 얻는다.

13.
나와 사이좋게 지내는 방법

'운'을 믿는가?

얼마 전, 은희경 작가의 『새의 선물』이라는 책을 읽었다. 그 소설 속에서, 주인공인 진희는 이런 이야기를 한다.

> 모든 중요한 일의 결정적인 해결은 꼭 우연이 해준다. 복잡한 계산과 치밀한 논리를 다 동원하고도 아직 결론에 이르지 못하고 있을 때 우연은 그 어렵고도 중요한 일을 어이없을 만큼 가볍게 해결해 버린다.

나는 우연에 대한 진희의 이야기가 '운이 우리 삶에 미치는 영향'과 맞닿아 있다고 생각했다.

몇 년 전에 나는 어떤 책의 제목을 보고 불같이 화를 낸 적이 있었다. 바로 2018년에 출간된 『하마터면 열심히 살 뻔했다』라는 책이다. 그때만 해도 나는 '노력' 맹신론자였다. 노력하면 바꿀 수 있는 것이 삶이고, 바꾸지 못한 것은 노력이 부족하기 때문이라는 생각을 했다. 하지만 지금 생각해보면 나는 운 좋게도 시간을 충분히 쓸 수 있는 환경에서 자랐고, 노력을

할 수 있는 성격을 가지고 태어난 것이었다.

반면 그 어리석은 믿음 때문에, 나의 부족한 면에 대해서는 심하다 싶을 정도로 비난을 멈출 줄 몰랐다. 성취하지 못한 것은 노력하지 않았다는 말로 치환되었기 때문에, 충분히 노력하지 않은 나를 도저히 용서할 수가 없었다. 그렇게 평생 자신의 목을 조르며 사는 것은 무척 고된 일이었다. 몇 번이고 나를 벼랑 끝으로 몰아세운 후에야 운의 존재를 인정하면서, 비로소 성취하지 못한 나를 받아들이고 용서할 수 있었다. 이 지난한 과정을 겪은 뒤에야 나는 나와 사이좋게 사는 법을 배우게 되었다.

그렇다고 해서 '운'이나 '우연'이 모든 것을 결정한다고 이야기하는 것은 아니다. 삶에 대해 기대하고 노력하는 마음은 여전히 나를 움직이게 한다.

다만 그런 생각을 했다.
'운명이나 우연의 힘을 알게 되는 것'이 나이가 드는 것이라면, '그럼에도 불구하고 해보는 것'은 나이

듦을 넘어 성숙해지는 것이 아닐까.

생각해 보면, 우리는 위험한 길을 피하는 사람을 보며 고개를 끄덕이지만 두려움을 안고도 한 발 내딛는 사람 앞에선 마음이 움직인다.

눈앞의 보이지 않는 선을 보고도 도전할 줄 아는 단단함과, '운'의 힘을 아는 겸허함. 그 두 가지를 모두 품은 채, 나는 나와 사이좋게 살아가고 싶다.

14.
눈에 보이지 않는 것들을 믿으며

가끔 그런 순간이 올 때가 있다.
잘해보려고 죽어라 노력하고 발버둥 쳤는데,
겨우 남들과 비슷해질 때.

아예 우리들은 출발선부터가 다른 거 아닐까.
그래서
내가 하루도 빠짐없이 뜀박질을 연습해도,
사실 그들을 넘어설 수 없는 건 아닐까.
결국 난 제자리인데
이렇게 노력하는 게 무슨 소용이 있을까.
누가 알기나 할까.

많은 사람들이 말한다.
과정이 뭐가 중요하냐고.
결국 중요한 건,
사람들이 보는 건 '결과'라고.

하지만 나는
결과보다 과정을 귀하게 여기는 사람으로
살아가고 싶다.

눈에 보이지 않는 시간들을 믿고,
단단하게 쌓여가는 마음의 힘을 믿으며.

세상의 모든 사람들이 잊지 않았으면 좋겠다.
과정은 '나를 위한 시간'이라는 것을.

당신은 안다.
당신이 얼마나 뜨겁게 노력했는지.
그 결과를 내기 위해
얼마나 많은 것을 내려놨는지.

그 시간 속에서 자라난 힘으로,
우리는 내일을 살아간다.

잘 하고 있어요.
여기서 응원하고 있을게요.

part 4.
멈추고 다시 시작하는 마음

15.
쉬는 시간에는 뭐 하세요?

"그럼 쉬는 시간에는 뭐 하세요?"

그 질문을 듣고 말문이 턱 막혔다.
보통 자는 시간 말고도, 쉬는 시간이 있나? 아마 회사 업무를 하지 않는 시간을 말하는 거겠지. 그럼에도 나는 도통 뭐라고 대답해야 할지 알 수가 없었다.

어릴 적, 나는 피아노 치는 걸 무척 좋아했다. 하지만 그때마다 "그걸 해서 뭐할 건데? 돈 돼?"라는 말이 따라왔다. 그저 스치듯 던진 말이었을 테지만, 아무런 대답도 하지 못했던 나는 어쩐지 그 말들을 마음 깊은 곳에 담아두었던 것 같다.

성인이 된 이후에도, 난 언제나 생산적인 일에만 집착했다. 해야 할 일을 고를 때면, 그 일이 필요한지 아닌지, 성공할 확률이 얼마나 되는지를 먼저 따졌다.
쉬는 시간은 늘 찜찜했다. 주중에 열심히 일해도 주말에 반나절을 쉬고 나면, 나태해졌다는 생각에 스스로를 책망하곤 했다. 아무것도 하지 않으면 나도 아무것도 아닌 사람이 되는 것 같았다. 그러다 정말 아무것도 할 수 없을 만큼 망가진 후에야 알게 되었다.

농사를 잘 짓기 위해서는
땅도 한 철은 쉬어야 한다는 것을.

쉼은 멈춤이 아니라, 다시 자라기 위한 시간이었다. 사람은 인생 전체를 한꺼번에 사는 게 아니라 하루하루를 살아가는 것이고, 그 하루들을 잘 쌓아야 비로소 인생도 잘 살아냈다고 말할 수 있는 것이었다. 오늘 하루 종일 무언가를 이뤘다고 해도 내일이 무너지면 삶은 다시 휘청였다. 균형이 필요하다는 걸, 그제야 인정하게 되었다.

나는 이제 쉬는 법을 배우는 중이다.
쉬면서도 무너지지 않는 법, 쉼을 통해 다시 살아가는 방법을.

그러니 이제는 말할 수 있다.
쉬는 시간에도 나는, 잘 살아가고 있다고.

16.
사는 거, 생각보다 별일 아니더라

신이 있다면 정말 이런 순간에 왔다가 가는 게 아닐까 싶은 날이 있었다.

서류에 직인을 받으러 간 자리였다. 내가 좀 푸석해 보였는지, 평소에 인사만 나누던 직원 아무개 씨가 갑자기 말을 건넸다.

"제 친구 이야기인데요…"

면세점에 다니던 친구가 느닷없이 직장이 재미없다며 그만두고, 옷 장사를 해보겠다고 동대문 근처에 전세방을 구했다고 한다. 전세금도 없이 계약했지만, 알고 보니 그곳은 대출이 안 나오는 집이었고, 취직도 된 게 아니라 그냥 '이력서 넣어보라'는 말뿐이었던 것이라고 했다.

그런데도 친구는 6평짜리 원룸에 둘 의자를 이미 네 개나 샀고, 이제 6인용 식탁을 두면 좋겠다며 설레는 중이란다. 그걸 보며 아무개 씨는 문득 느꼈다고 했다.

"세상사는 게 생각보다 쉬운 거구나. 나는 막 걱정하고, 잘못하면 큰일 날 것 같아서 매일 고민하면서 사는데, 사실 저렇게 그냥 살아도 살아지는구나. 어떻게든 해결할 방법이 있구나."

그 말을 듣는데 그녀가 마치 내 마음속에 잠시 다녀간 것만 같았다.

그 무렵 나는 하루하루를 아슬아슬하게 버티고 있었다. 이유 모를 초조함에 시달렸고 내일이 오는 것이 두려워 잠을 잘 이루지 못했다. 쓸모 있는 인간이 되어야 한다는 압박감은 큰 데 반해, 늘 어딘가 부족한 것처럼 느껴졌기 때문이었다. 여기서 한 발이라도 삐끗하면 나라는 사람이 와르르 무너질 것만 같았다.

그런데 그런 나에게 누군가 불쑥 들어와 '그렇게 하지 않아도 살아진다'고 말해준 것이다. 그냥 그 자리에서 엉엉 울고 싶었는데 입술을 꾹 깨물었다.

계단을 걸어 올라가며 생각했다.

'신이 있다면, 정말 이런 순간에 조용히 왔다가 가는 게 아닐까.'

17.
그대라는 창

앞이 보이지 않는 나의 곁에 있어 줘서 고마워요.
나는 이제
당신의 눈이라는 창을 통해 세상을 보아요.

당신이 세상을 바라보는 방식이 좋아요.
당신이 보고 느끼는 세상을 사랑하게 되었어요.

이 모든 것은 그대가 만든 기적이에요.

18.
지도 앱에 별 하나를 추가했다

좋아지는 듯하던 건강 상태가 다시금 이상해졌다. 또다시 이유도 모른 채로 피를 연일 쏟아내고 있었다. 1년쯤 방치했다가 돌이킬 수 없어지는 꼴을 봤기에, 이번에는 비교적 빠르게 병원을 찾았다. 다니던 대학병원은 퇴근 후 가기엔 너무 멀어서, 회사 근처 병원으로 향했다.

아주 익숙하고 건조하게, 이전에 기록해 두었던 증상들을 읊었다. 줄줄이 쏟아져 나오는 기록을 듣던 의사의 표정은 점점 일그러졌다.

'왜 그러지?' 속으로 생각하며, 최근 발생한 증상을 덧붙이며 그날까지의 상황을 마저 브리핑했다. 이야기를 다 들은 의사는 한참 고민하더니 내가 받아야 할 검사 몇 가지를 알려주었다.

검사를 마치고 진료실로 다시 들어서자, 의사는 그제야 세상 안도한 표정으로 울먹거리며 말했다.

"정말 다행이에요. 큰 문제는 없어요."

그리고 조심스럽게 덧붙였다. 혹시라도 수치가 너

무 나쁘면 응급으로 대학병원에 보낼 생각으로, 내가 검사받는 동안 서류를 미리 준비하고 있었다고.

예상하지 못한 곳에서 마주한 다정함에 나는 볼을 잘근잘근 씹었다. 눈물이 나올 것 같을 때, 어른스럽게 참는 나만의 방법이다. 나보다 나를 더 걱정하는 의사를 마주하고 있자니, 몸보다 마음이 먼저 치료받고 있다는 생각이 들었다.

따뜻한 마음은 따뜻한 물과도 같아서, 황폐해져 쩍쩍 갈라진 마음에도 조금씩 스며들어 마침내 생기를 품을 수 있게 해주는가 보다.

집으로 돌아오는 길,
지도 앱에 별표 하나가 새로 찍혔다.

19.
다정한 사람으로 살고 싶습니다

긴 연휴의 어느 날, 책장을 정리하다가 대학교 때 썼던 일기장을 발견했다. 그 속에는 이런 문장이 적혀 있었다.

내 마음 그릇에
사랑과 행복을 넘치도록 가득 채워서
너무 힘들어하는 당신에게 나눠주겠습니다.
내 마음은 금방 채워지니까
언제든 필요한 사람에게 나눠주고 싶습니다.

기억들이 뭉게뭉게 피어올랐다. 사랑을 나눠주는 일이 가끔은 꽤나 성공적일 때도 있었다.

대학원 생활 중 택시에 탑승했을 때의 일이다. 늦은 새벽이라 무심코 건넸던 말에 기사님은, "손님은 '말 한마디에 천 냥 빚을 갚는다'는 말을 몸소 실천하시네요."라며 무척이나 고마워하셨다. 그날따라 고단했던 하루를 보상받은 기분이라고 하시며.

혹은, 내가 마치 에너지 공장 같다며, 있어 줘서 고맙다고 말해주던 선배도 있었다.

에너지 공장 같다는 말이 재미있어서, 그 시절의 내가 퍽 귀여워서, 나도 모르게 피식 웃음이 났다.

다정함은 생각보다 강한 힘이 있다. 따뜻한 말 한마디가 지친 마음을 다시 일으켜 세우기도 한다.

그러고 보면, 예전이나 지금이나 나는 누군가에게 다정한 사람이 되고 싶었던 것 같다. 내가 가진 다정함이 누군가에게 작은 힘이 될 수 있기를, 오늘도 조심스레 바라본다.

part 5.
좋아하는 것을 붙잡고
가볍게 앞으로

20.
좋아하는 것들은 때때로 사라진다

오늘 회사 동료에게서 오리지널 글레이즈드 도넛을 선물 받았다.

'크리스피 크림이라니.'

최근에 크리스피 도넛을 사 먹은 적이 없다 보니, 포장 상자를 보는 것만으로도 오래된 기억이 절로 불려 나왔다.

나는 크리스피 크림의 '다크초콜릿 월넛 케익'이라는 도넛을 무척 좋아했었다. 촉촉한 케이크 시트 같은 초콜릿 맛 도넛 위에 로스팅을 잘해 고소한 맛이 가득한 호두가 잔뜩 올라가 있고, 그 위에는 화룡점정으로 너무 달지도, 너무 쓰지도 않은 진한 다크 초콜릿이 잔뜩 뿌려진, 그야말로 완벽한 초콜릿 도넛이었다.

몸과 마음이 가난했던 시절에도 달의 첫 번째 월요일이면 이 도넛을 사기 위해 크리스피 도넛을 찾았던 것 같다. 아마 한 달을 달콤하게 보내고야 말겠다는 의지였겠지. 그렇게 한동안 알바비의 일부를 이 의식을 위해 바치곤 했었다. 그런데 어느 순간 이 도넛은

크리스피에서 사라지고 말았다.

  사라진 것은 '다크초콜릿 월넛 케익'만이 아니었다. 고등학교 때 가장 좋아했던 노트도 사라져 버렸다. 모닝글로리에서 나온 양장 노트였는데, 좋아하는 색의 표지에 줄 간격도, 종이 두께도 딱 좋아서 문구 덕후인 내 마음에 쏙 들었던 노트였다. 하지만 이것도 어느샌가 단종되어 버리고 말았다.

  몇 번의 비슷한 사건을 겪은 뒤로는 좋아하는 것들을 다시는 잃어버리지 않기 위해 애를 쓰고 있다.

  예를 들면, 동네에서 우리 밀과 천연 효모를 사용해서 치아바타를 굽는 빵집이 문을 닫을까 봐, 매주 토요일 아침 수영 후 조금 멀리 돌아오더라도 그 빵집에 다녀오는 일 같은 것.

  또는, 카페인 분해를 못해 뜬눈으로 밤을 새울 줄 알면서도, 이른 아침부터 원두를 볶아 그만의 맛을 내주는 커피집을 잃고 싶지 않아 퇴근 후에도 종종 커피를 사러 달려가는 것.

나의 이런 노력에도 불구하고, 몇몇 좋아하는 것들은 여전히 내 곁을 떠난다. 사라진 뒤통수를 보며 씁쓸하게 생각한다.

'지켜주기 위해서는 자본이 필요했는데.'

이내 다시 생각한다.

'하지만 사실 정말 필요했던 것은 잊지 않고 들여다보는 마음이 아니었을까.'

나만 보느라 세상을 들여다보는 것을 멈추지 않기를. 그렇게, 작은 것들을 사랑하는 마음을 놓지 않고 살아갈 수 있기를 소망한다.

21.
혹시... 커피 하세요?

어떤 마음은 때로 흘러넘칠 만큼 커서 짐짓 아닌 척 숨기려 해도 도무지 감출 수가 없다. 그 계절의 내가 그랬다.

"혹시… 커피 하세요?"

고개를 들어보니, 나의 주문을 받고 커피를 브루잉하던 바리스타가 물은 것이었다. 조금 전 사무실에서 마시던 커피가 하도 맛이 없어 카페로 달려왔는데, 혹시 그 냄새가 나나? 아니면 또 얼결에 커피 얼룩이 옷에 묻어 있었나? 슬며시 몸 이곳저곳을 살폈다. 당황한 표정을 읽은 사장님이 말을 덧붙인다.

"아, 커피에 대해 많이 아시는 것 같아서요…!"

그렇다. 나는 커피를 보통 좋아하는 것이 아니라 '커피를 하는 사람'처럼 보일 만큼 사랑해 마지않는다.

처음부터 브루잉 커피를 좋아했던 건 아니다. 편의

점에서 천 원만 내면 버튼 하나로 커피를 마실 수 있는데, 굳이 비효율적이고 비합리적인 가격의 브루잉 커피를 즐길 만큼 한가하지 못했었다.

나는 겉으로는 많은 것을 성취한 것처럼 보였지만, 속은 텅 비어 있었다. 해야 하는 일이 가득해서 하고 싶은 일은 늘 미뤄두었다. 그러다 보니 이제는 내가 정말 무엇을 하고 싶은지도 모르고 살고 있었다. 평균 수명이 85세라면 내게 남은 시간이 50년쯤. 그 긴 시간을 앞으로 어떻게 버텨낼 수 있을까, 막막한 생각이 자주 들었다.

어느 일요일 저녁, 지인을 따라 카페에 갔다. 그 시간에 문을 연 카페가 거의 없어서, 어쩌다 간 곳이었다. 꼬불꼬불한 머리에 동그란 안경, 그보다 더 동그란 얼굴에 개구쟁이 같은 표정을 한 사장님이 커피를 건넸다.

한 모금을 마시고는 깜짝 놀랐다. 사장님과 꼭 닮은, 어디에서도 맛볼 수 없는 매력적인 커피 맛이 났다.

 잘빠진 단맛에 섬세한 꽃향기가 묻어났다. 그러면서도 부드러운 질감이 느껴졌고, 입안엔 깔끔한 여운만이 남았다. 카페인 우린 물쯤으로만 여겼던 커피가, 그 순간 내 세상에 스위치를 켰다.

 집은 있었지만, 집이 없다고 느끼던 때였다. 그 커피 한 모금은 진한 녹색의 커피 머신과 멀바우 테이블, 공간을 채우던 몽글몽글한 음악까지 내 마음에 들여놓았고 나는 마침내 집을 찾은 기분이었다.

 그날 이후, 내 휴대전화 메모장에는 커피에 관한 기록들이 하나둘 쌓이기 시작했다. 대구의 한 바리스타가 운영하는 카페, 며칠 전 직접 내려 마신 원두의 브루잉 레시피, 추천받은 커피집에 다녀온 날의 일기들.
 머릿속이 복잡한 날엔 원두를 갈아 커피를 내리고 아침 일기를 쓴다. 식어가면서 달라지는 맛이 재미있다.

 자신이 내린 커피와 꼭 닮은 바리스타를 구경하는

것은 나의 커피 생활 중에서도 가장 큰 묘미다. 그래서 경건하지만 설레는 마음으로, 인생의 과업을 수행하듯 나만의 레시피를 찾아간다.

커피를 좋아하는 마음은 내 세계의 어두운 부분을 밝혀주었다. 그전엔 시도해 보지 않았던 로스팅 전문 카페에 가고, 처음 보는 사장님과도 커피 이야기를 나눈다. 원래였다면 알지 못했을 커피라는 세계를 이제는 나만의 속도로 즐기게 되었다.
뭐, 내가 내리는 커피가 대단히 맛이 있는 것은 아니지만 그래도 좋다. 맛보다 더 중요한 건, 커피를 내리는 이 행위 자체를 내가 진심으로 좋아한다는 사실이다.

무언가를 좋아하는 나의 마음에 귀를 기울인다는 건 스스로를 소중히 대하기 시작했다는 뜻이었다. 그건 마치 어지러운 삶이라는 바닷속에서 스스로 건져 올린 작은 구명보트 같은 것이다. 절망에 빠졌을 때 내 기분을 조금 낫게 만들어줄 방법을 스스로 알고 있다는 사실, 그게 얼마나 든든한 감각인지 이제는 알고 있다.

 더 이상 갈 곳이 없다고 느껴질 때도 향하고 싶어지는 무언가가 있다. 그 작고 단단한 마음이 결국 나를 이곳까지 데려다줬다. 무언가를 좋아한다는 건 결국, 살고자 하는 마음이었다.

22.
수영을 하는 데도 기다려야 한다니

수영을 배우기 시작한 지 벌써 3년째다. 고급반까지는 어찌어찌 올라왔는데, 접영이 도무지 늘지 않는다. 함께 시작한 유아풀 동기들 중 몇몇은 이미 연수반에서 실력을 뽐내고 있다.

괜히 굽은 어깨 탓을 하기도 하고, 근육이 부족한 팔에 책임을 돌려보기도 한다. 오늘따라 유난히 시무룩한 나를 본 강사님이 말을 건넨다.

"빨리 가고 싶죠?"

어떻게 아셨지? 나는 다섯 번쯤 고개를 끄덕이며 빨리 대답해달라는 표정으로 쳐다본다. 그러자 한참 뜸을 들이던 강사님이 말한다.

"그러면 기다려야 해요. 이제는 타이밍이 중요한 거에요."

아. 수영을 하는 데도 기다려야 한다니.
처음엔 말뜻이 잘 와닿지 않았다. 하지만 문득 떠오른 장면이 있었다.

커피에 막 발을 들였을 무렵, 큰맘 먹고 '정말 맛있다'는 원두를 구매했던 날이었다. 한껏 기대하며 커피를 내렸는데, 영 맛이 없었다. '역시 내 입은 고급이 아닌가 보다'며 실망했고, 다시는 비싼 원두를 사지 않겠다고 다짐했었다.

하지만 그건 원두가 아니라 나의 문제였다. 뜸 들이기, 그러니까, 원두가 물을 충분히 머금어 맛을 온전히 내줄 수 있도록 기다리는 시간이 필요했다는 것을 나는 그때 몰랐던 것이다.

어제 창가로 옮겨둔 산세베리아 화분을 바라본다. 언제 잎꽂이 해두었는지 기억도 나지 않았는데, 어느 날 문득, 새순이 돋아 있었다. 그저 지켜보다가 이따금씩 물만 갈아주었을 뿐인데.

연둣빛 새순을 가만히 쓰다듬어본다.
느려도 괜찮다고, 얼마든지 기다릴 수 있다고 속삭이듯 이야기했다.

기다림이 이렇게 중요한 일이었거늘.

나는 오늘 또 배운다. 내가 좋아하는 것들로부터.

물속에서, 커피에서, 식물에게서.

23.
가볍게 살고 싶다

몸의 무게를 덜기보다는
마음의 무게를 덜어내며 살고 싶다.
안고 있던 고정관념을 내려놓고
예단하지 않는 마음으로 세상을 바라보고 싶다.

그러다 가끔 다쳐도 허허 웃고,
잠깐 쉬었다
다시 일어날 수 있는 어른이고 싶다.

나이가 들어서도,
"한번 해보지 뭐."
별일 아닌 듯 도전할 수 있는 사람이면 좋겠다.

가벼운 마음으로,
사뿐사뿐한 걸음으로,
춤추듯 살고 싶다.

24.
사소한 것들을 오래 사랑하며

어릴 적부터 나는 작은 것들에 마음을 주는 사람이었다. SS501을 좋아하는 친구들 사이에서 혼자 '정민아'라는 싱어송라이터를 찾아 들었다. 커다란 꽃다발에서는 늘 장미보다 안개꽃에 먼저 눈길이 갔다. 하지만 작은 것들은 너무나 연약해서 쉬이 부서졌고 그때마다 나는 마음을 다치곤 했다.

주기적으로 무언가를 잃는다는 것은 스스로를 형편없는 사람이라 여기게 만드는 일이었다. 그래서 나는 상실을 피하기 위해 사랑하는 일을 멈추기로 결심했다. 그것으로 사랑하는 대상의 상실은 피했으나 내 삶에서는 무언가가 조금씩 사라지고 있었다.

삶은 작은 것들로 이루어져 있다는 것을 그때는 몰랐다. 내가 잃은 것은 그저 인생의 곁가지일 뿐인 사소한 것들인 줄만 알았다.

봄날 가로수에 새로 난 연둣빛 잎을 보며 설레는 일. 볕 좋은 날, 옥상에서 말린 이불에서 나는 햇볕 냄새. 또는, 커다란 여닫이문을 놓지 않은 채 돌아보면,

뒤따라오던 사람의 얼굴에 떠오르는 발그레한 웃음 같은 것.

　양귀비가 피는 계절이면 돗자리를 들고 안양천으로 간다. 바람에 하늘하늘 흔들리는 꽃을 바라보며 깨닫는다.
　인생을 채우는 정말 중요한 것들은 하루하루 안에 깃든 작은 친절과 웃음, 사소한 순간들이었다는 사실을.

　그렇게 아름답고 무용한 것들을 오래오래 사랑하며 살고 싶다. 사소한 것에 행복함을 느끼며, 사소한 것들이 차곡차곡 쌓인 내 삶을 사랑하게 되길 바란다.

　나의 시선 끝에 늘 작은 것들에 대한 사랑이 머물러 있기를.

힘내라는 말은 하지 않을게

초판 1쇄 발행 2025년 5월 31일
초판 2쇄 발행 2025년 7월 28일

지은이   김지혜
디자인   김지혜
펴낸이   유지백
펴낸곳   궁극의성장, 유딧
주 소   서울시 서초구 서초중앙로18길 31, 376호
전 화   010-3356-3651(문자)
팩 스   02-6008-3651
이메일   all.right.coop@gmail.com

등 록   2022년 10월 7일 제2022-000066호
ISBN   ISBN 979-11-985683-0-4 03800

책값은 뒤표지에 있습니다.

이 책의 판권은 지은이와 유딧/궁극의성장에 있습니다.
책 내용의 전부 또는 일부를 재사용하려면 반드시 동의를 받아야 합니다.